Un día en la vida de un

BOMBERO

Diana Herweck

Asesor

Timothy Rasinski, Ph.D.
Kent State University

Joe Garcia
Firefighter and Paramedic
Orange County, California

Créditos

Dona Herweck Rice, *Gerente de redacción*

Lee Aucoin, *Directora creativa*

Robin Erickson, *Diseñadora*

Conni Medina, M.A.Ed., *Directora editorial*

Stephanie Reid, *Editora de fotos*

Rachelle Cracchiolo, M.S.Ed., *Editora comercial*

Teacher Created Materials

5301 Oceanus Drive
Huntington Beach, CA 92649-1030
http://www.tcmpub.com

ISBN 978-1-4333-4466-4

© 2012 Teacher Created Materials, Inc.

Tabla de contenido

¡En camino!... 4

Los preparativos.. 6

Un día muy ocupado 10

Combatir incendios.................................. 16

Por fin, de regreso a casa 25

Glosario 27

Índice 28

¡En camino!

"Rrrr, rrrr," ruge el camión de bomberos mientras avanza a toda velocidad por la calle. ¡Apártense del camino! Los **bomberos** van a apagar un incendio. Son los héroes del día.

Brigada de cubetas

Los primeros "carros de bomberos" del siglo XVIII eran tinas montadas sobre largos palos, ruedas o patines de trineo. Los bomberos apagaban el fuego usando una **brigada de cubetas**. Formaban una fila, llenaban las cubetas en la tina y se iban pasando las cubetas llenas por la fila. La última persona de la fila lanzaba el agua sobre el fuego.

Esta brigada de cubetas es similar a la brigada descrita en el texto de arriba. Sin embargo, en vez de una tina al extremo de la fila, usaron una bomba de agua.

Los preparativos

Los bomberos son personas muy atareadas. Los pueden llamar a combatir un incendio a cualquier hora del día o de la noche. Deben estar siempre listos para una **emergencia**.

▲ un ejercicio de un incendio controlado

una cocina ➤
en la
estación de
bomberos

Algunos bomberos viven parte del tiempo en la
estación de bomberos. Empacan sus cosas, dejan a
sus familias en casa y se van a la estación. Allí tienen
camas, dormitorios y una cocina. También tienen salas
para relajarse. Si no hay un incendio, podrán dormir
durante la noche.

▼ relajándose en el comedor de
la estación de bomberos

◄ Este bombero revisa los indicadores del camión.

Un trabajo arduo

Muchos bomberos trabajan 24 horas seguidas. Vuelven a casa durante 48 horas y luego regresan a trabajar otro **turno** de 24 horas. Otros bomberos regresan a casa a dormir todas las noches. La mayoría de los bomberos trabajan más horas por semana que las personas en otros empleos. Además, trabajan muchos fines de semana y días festivos. Un incendio puede comenzar en cualquier momento.

Cuando están en la estación, revisan el **equipo** y los camiones de bomberos. Revisan las **toberas** de las mangueras para asegurar que no tengan obstrucciones y funcionen bien. También revisan el camión para asegurarse de que tenga suficiente gasolina, aceite y aire en los neumáticos.

El día de un bombero

El día de trabajo típico de un bombero puede ser como este:

7:00 A.M.	Se despierta, desayuna y se va a la estación de bomberos.
8:00 A.M.	Llega a la estación.
8:30 A.M.	Revisa y limpia la estación y el equipo.
11:00 A.M.	Hace una presentación sobre seguridad en una escuela primaria.
12:00 P.M.	Almuerza en la estación.
1:00 P.M.	Realiza una revisión de seguridad contra incendios en un restaurante.
1:30 P.M.	Hace ejercicios de entrenamiento.
3:30 P.M.	Recibe una llamada para una emergencia de incendio.
5:30 P.M.	Vuelve a la estación. Limpia y revisa el equipo.
6:30 P.M.	Se ducha.
7:00 P.M.	Come y descansa.
10:00 P.M.	A dormir. Estár listo por si llega otra llamada de acción.

Un día muy ocupado

Además de los incendios, hay muchos otros tipos de emergencias. A veces, llaman a los bomberos para ayudar a las personas en emergencias médicas. En algunos casos, **rescatan** a personas atrapadas o en **peligro**. En otras ocasiones, despejan las zonas cercanas a lugares donde hay incendios u otros desastres. Ayudan a las personas después de terremotos, tormentas devastadoras y accidentes. También, dedican muchas horas de trabajo para prevenir incendios.

Los bomberos casi siempre están trabajando, aún cuando no hay incendios. Van a las escuelas a enseñar reglas de seguridad contra incendios. Estudian para asegurarse de que hagan bien su trabajo. Practican cómo apagar el fuego, para estar listos en caso de un incendio.

Historia de los bomberos

24 a. C.	alrededor de 1500	1648
El emperador romano Augusto crea leyes para revisar y evitar incendios y paga sueldos a los primeros bomberos.	Se usa la primera bomba contra incendios.	Se forma el primer cuerpo público de bomberos en Nueva Ámsterdam (ahora Nueva York), formado exclusivamente por voluntarios.

Un bombero enseña reglas de seguridad contra incendios a niños de primaria. ▼

Entrenamiento

Algunos días, los bomberos van a un centro de entrenamiento. Tanto los bomberos novatos como experimentados practican sus habilidades de combate de incendios. Necesitan realizar su trabajo con rapidez y seguridad.

Seguridad contra incendios

En las escuelas, los bomberos enseñan a los niños a planear y practicar **rutas de evacuación** en su hogar con sus familias. Les dicen: "Agáchense hasta el suelo si hay humo. Salgan lo más rápido posible. Reúnanse con sus familiares en un lugar seguro fuera de la casa."

1672	1676	1725	1818
Se usan por primera vez mangueras de cuero y acoplamientos para unir las mangueras.	Se usa el primer camión de bomberos en los Estados Unidos.	Se inventa la bomba de agua de diez personas para apagar incendios.	La primera mujer bombero de los Estados Unidos es Molly Williams, una esclava afroamericana de Nueva York.

Los bomberos también revisan el equipo contra incendios de los negocios. Revisan las salidas de emergencia, los **extinguidores** y los rociadores. Deben asegurarse de que los negocios sean seguros para los trabajadores y los clientes.

Los bomberos ayudan ➤ a los negocios a que mantengan sus equipos de seguridad contra los incendios en buenas condiciones.

1872	1878	1890	1910
Se inventan los sistemas rociadores automáticos para apagar incendios dentro de edificios grandes.	Se inventa la escalera de bomberos para llegar al fuego en edificios altos.	Se inventa la escalera de escape para incendios.	Se inventa el primer camión de bomberos con motor de gasolina, que sirve también para bombear agua.

Para apagar el fuego

El fuego requiere tres elementos para comenzar: combustible, calor y oxígeno. Para apagar un incendio, los bomberos eliminan uno o más de los tres elementos. Pueden sofocar el fuego con una espuma especial para que deje de llegar oxígeno. Pueden hacer algo para impedir que se combinen estos tres elementos, como quitar los matorrales secos para que no se conviertan en combustible para el fuego.

década de 1940	1945	década de 1950	1974
Se usa espuma por primera vez para apagar incendios.	Surge la mascota Smokey the Bear como símbolo de la prevención de los incendios forestales.	Comienzan a usarse bocinas de aire para dar la alarma de incendio.	La primera mujer bombero asalariada, Judith Livers, es contratada en Virginia.

Cuando regresan a la estación, los bomberos se turnan para preparar la comida y realizar las tareas domésticas.

En ocasiones, los bomberos dirigen visitas guiadas a la estación de bomberos. Así, la gente conoce más sobre el combate de incendios. Ven dónde comen y duermen los bomberos. Los bomberos les muestran el equipo de la estación y los camiones. Incluso pueden hacer una demostración de cómo funcionan las sirenas.

Estos bomberos muestran a un grupo escolar cómo se utiliza el equipo contra incendios. ▼

De compras

¿Alguna vez has visto un camión de bomberos estacionado junto a un supermercado? Los bomberos están allí para comprar los víveres que necesitan en la estación. Van en el camión de bomberos por si acaso son llamados para ayudar en una emergencia.

Combatir incendios

Cuando se recibe una llamada de emergencia, todos los bomberos deben estar vestidos y en el camión lo más pronto posible. Interrumpen lo que están haciendo y se colocan el **equipo protector** sobre la ropa.

Primero se ponen las botas y los pantalones. Las botas están hechas de caucho y tienen puntas de acero. Así, los pies están protegidos de clavos, pedazos de vidrio y objetos que puedan caer en sus pies.

Los bomberos guardan los pantalones protectores enrollados en las botas para ahorrar tiempo en una emergencia. ▼

▲ Todo el equipo contra incendios se guarda cerca del camión de bomberos.

casco

abrigo

guantes

pantalones

botas con
punta de
acero

17

Después se ponen el abrigo. La ropa es **pirorretardante**. Reduce el calor del fuego y protege al bombero contra quemaduras. Después se ponen el casco. El casco está hecho de plástico duro y protege la cabeza de los objetos que puedan caer durante un incendio.

Los bomberos suben al camión y se dirigen a toda prisa al incendio. Encienden la sirena y las luces rojas. La **bocina de aire** suena para advertir a los automovilistas que deben hacerse a un lado. El **maquinista** conduce y el capitán lo acompaña al frente del camión. Los bomberos van atrás, en los **asientos traseros**.

¡Qué pesado!

Cuando combaten un incendio, los bomberos cargan hasta 100 libras de equipo protector.

▲ la maquinista

911

En la mayor parte de los Estados Unidos, puedes llamar por teléfono al 911 cuando hay una emergencia. La operadora se pondrá en contacto con el departamento de bomberos.

bomberos en ▲
los asientos
traseros

Cuando llegan al incendio, los bomberos se colocan tanques de aire y mascarillas de respiración. Este equipo les ayuda a respirar a través del humo y el fuego.

Conectan las grandes mangueras del camión a una **boca de incendios**. Dos bomberos sostienen cada manguera. A veces necesitan largas escaleras para llegar al fuego. En el camión, transportan escaleras de mano y de todos los tamaños.

¡Poderosa!

El agua de la manguera contra incendios sale con tanta fuerza que puede derribar a un hombre adulto. Por eso se necesitan dos personas para mantener firme la manguera.

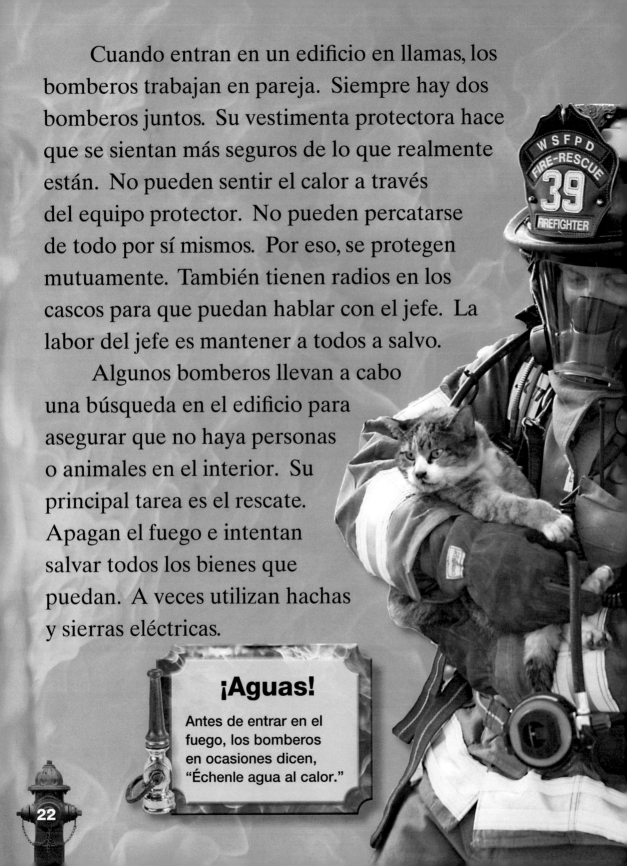

Cuando entran en un edificio en llamas, los bomberos trabajan en pareja. Siempre hay dos bomberos juntos. Su vestimenta protectora hace que se sientan más seguros de lo que realmente están. No pueden sentir el calor a través del equipo protector. No pueden percatarse de todo por sí mismos. Por eso, se protegen mutuamente. También tienen radios en los cascos para que puedan hablar con el jefe. La labor del jefe es mantener a todos a salvo.

Algunos bomberos llevan a cabo una búsqueda en el edificio para asegurar que no haya personas o animales en el interior. Su principal tarea es el rescate. Apagan el fuego e intentan salvar todos los bienes que puedan. A veces utilizan hachas y sierras eléctricas.

¡Aguas!

Antes de entrar en el fuego, los bomberos en ocasiones dicen, "Échenle agua al calor."

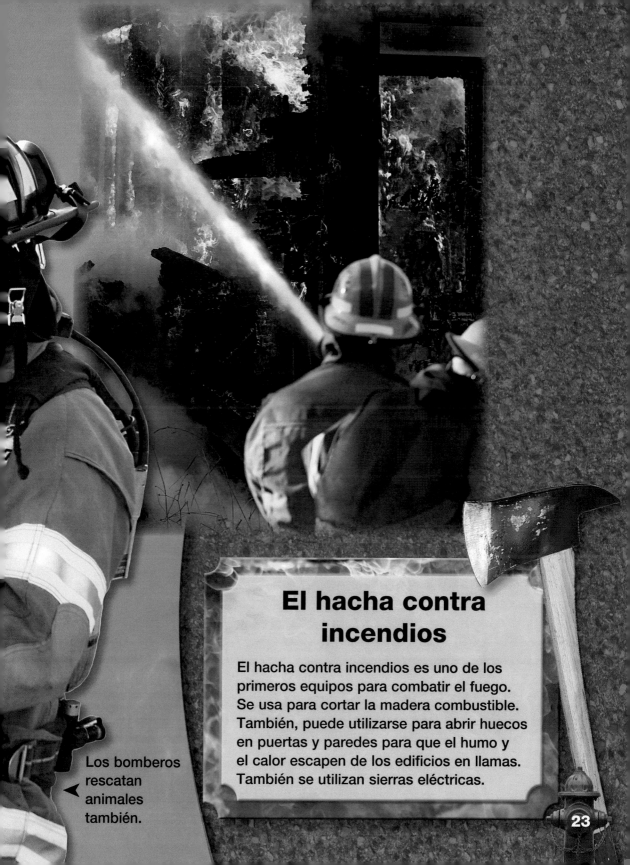

Los bomberos
rescatan
animales
también.

El hacha contra incendios

El hacha contra incendios es uno de los
primeros equipos para combatir el fuego.
Se usa para cortar la madera combustible.
También, puede utilizarse para abrir huecos
en puertas y paredes para que el humo y
el calor escapen de los edificios en llamas.
También se utilizan sierras eléctricas.

Cuando el fuego está apagado y el edificio es seguro, informan a la gente cuándo podrán entrar de nuevo. Los bomberos recogen sus cosas y vuelven a la estación.

Por fin, de regreso a casa

Al volver a la estación, es hora de la limpieza. Los bomberos limpian y revisan una vez más el equipo y los camiones. También limpian las mangueras. Además, los bomberos deben bañarse. Es necesario que estén listos por si hay otra emergencia.

Por último, si hay tiempo, pueden comer y descansar un poco antes de dormir. Si suena la alarma tendrán que salir de nuevo a toda prisa. El día de trabajo de un bombero nunca termina.

Glosario

asiento trasero—el asiento en la parte posterior del camión de bomberos, donde viajan los bomberos camino al incendio

boca de incendios—la tubería que sale del suelo con una boquilla a la que puede conectarse una manguera para tomar agua de una fuente principal

bocina de aire—una bocina o sirena que emite un sonido muy fuerte y advierte a los automovilistas que deben hacerse a un lado cuando un camión de bomberos está cerca

bombero—una persona que combate incendios

brigada de cubetas—un método de combate de incendios en el cual se pasan cubetas de agua por una fila para luego lanzarselos sobre el fuego

emergencia—una situación en la que se requiere ayuda o asistencia inmediata

equipo—los artículos que los bomberos emplean en su trabajo

equipo protector—la ropa que mantiene al usuario a salvo de lesiones

extinguidor—un equipo utilizado para apagar o extinguir el fuego, al rociarlo con un tipo de espuma especial que sofoca al fuego

indicadores—los instrumentos que muestran niveles

maquinista—la persona que conduce el camión de bomberos

peligro—algo arriesgado que puede causar lesiones o daños

pirorretardante—fabricado de manera que resiste el calor y las llamas

rescatar—liberar del peligro

ruta de evacuación—un plan para salir de un edificio en una emergencia

tobera—el extremo de la manguera por donde sale el agua; usualmente tiene forma cónica para que el agua salga con mayor fuerza y pueda llegar mejor a su objetivo

turno—un período durante el cual una persona está programada para trabajar; puede durar de unas horas a más de un día

Índice

911, 19

abrigo, 17–18

Augusto, 10

boca de incendios, 21

bocina de aire, 13, 18

botas, 16–17

brigada de cubetas, 5

búsqueda, 22

camiones de bomberos, 4, 8,
    11–12, 14–16, 18, 21, 25

casco, 17–18, 22

elementos del fuego, 13

emergencia, 6, 9–10, 12, 15–16,
    19, 25

equipo, 8–9, 12, 14, 20, 23, 25

equipo protector, 16, 18, 22

escaleras, 12, 21

escuela, 9–11, 14

estaciones de bomberos, 7–9, 14,
    24–25

Estados Unidos, 11, 19

extinguidor, 12

historia de los bomberos, 10–13

Livers, Judith, 13

Nueva Amsterdam, 10

Nueva York, 10, 11

rescate, 10, 22–23

rutas de evacuación, 11

seguridad contra incendios, 9–13

Smokey the Bear, 13

trabajar en pareja, 22

Virginia, 13

Williams, Molly, 11